#3GUTEDINGEDESTAGES

NAME

ANSCHRIFT

TELEFON

EMAIL

Wenn du in düstere Zeiten abzurutschen drohst und die Tage nur aus schlechten Ereignissen zu bestehen scheinen, dann nimm dir an jedem Abend die Zeit, drei gute Dinge aufzuschreiben.

An manchen Tagen wirst du möglicherweise das Gefühl haben, dass dir gar nichts Positives einfällt. Und doch wirst du etwas finden - sei es auch noch so klein. Einfach, weil du dich damit beschäftigst. Und an anderen Tagen sind es vielleicht vier oder fünf gute Dinge und du musst gar nicht überlegen.

So kann dir dieses Buch helfen, deine Welt mit anderen Augen zu sehen.

Wenn du es benutzt.

Das hat mich heute happy gemacht:

_____

_____

_____

_____

_____

_____

_____

_____

_____

Das hat mir heute gefallen:

_____

_____

_____

_____

_____

_____

_____

_____

_____

Daran hatte ich heute Freude:

_____

_____

_____

_____

_____

_____

_____

_____

_____

_____

_____

Das fand ich heute gut:

_____

_____

_____

_____

_____

_____

_____

_____

_____

Das hat mich heute happy gemacht:

_____
_____
_____
_____
_____
_____
_____
_____
_____
_____

Das hat mir heute gefallen:

_____
_____
_____
_____
_____
_____
_____
_____
_____

Daran hatte ich heute Freude:

_____

_____

_____

_____

_____

_____

_____

_____

_____

_____

Das fand ich heute gut:

_____

_____

_____

_____

_____

_____

_____

_____

_____

Das hat mich heute happy gemacht:

_____

_____

_____

_____

_____

_____

_____

_____

_____

Das hat mir heute gefallen:

_____

_____

_____

_____

_____

_____

_____

_____

_____

_____

Daran hatte ich heute Freude:

_____

_____

_____

_____

_____

_____

_____

_____

_____

_____

_____

Das fand ich heute gut:

_____

_____

_____

_____

_____

_____

_____

_____

_____

Das hat mich heute happy gemacht:

_____

_____

_____

_____

_____

_____

_____

_____

_____

_____

Das hat mir heute gefallen:

_____

_____

_____

_____

_____

_____

_____

_____

_____

_____

Daran hatte ich heute Freude:

_____

_____

_____

_____

_____

_____

_____

_____

_____

_____

Das fand ich heute gut:

_____

_____

_____

_____

_____

_____

_____

_____

Das hat mich heute happy gemacht:

_____
_____
_____
_____
_____
_____
_____
_____
_____

Das hat mir heute gefallen:

_____
_____
_____
_____
_____
_____
_____
_____
_____

Daran hatte ich heute Freude:

_____

_____

_____

_____

_____

_____

_____

_____

_____

_____

_____

Das fand ich heute gut:

_____

_____

_____

_____

_____

_____

_____

_____

_____

_____

Das hat mich heute happy gemacht:

_____

_____

_____

_____

_____

_____

_____

_____

_____

Das hat mir heute gefallen:

_____

_____

_____

_____

_____

_____

_____

_____

Daran hatte ich heute Freude:

_____

_____

_____

_____

_____

_____

_____

_____

_____

_____

_____

Das fand ich heute gut:

_____

_____

_____

_____

_____

_____

_____

_____

Das hat mich heute happy gemacht:

_____

_____

_____

_____

_____

_____

_____

_____

_____

Das hat mir heute gefallen:

_____

_____

_____

_____

_____

_____

_____

_____

Daran hatte ich heute Freude:

_____

_____

_____

_____

_____

_____

_____

_____

_____

_____

Das fand ich heute gut:

_____

_____

_____

_____

_____

_____

_____

_____

_____

Das hat mich heute happy gemacht:

_____

_____

_____

_____

_____

_____

_____

_____

_____

Das hat mir heute gefallen:

_____

_____

_____

_____

_____

_____

_____

_____

Daran hatte ich heute Freude:

_____

_____

_____

_____

_____

_____

_____

_____

_____

_____

_____

Das fand ich heute gut:

_____

_____

_____

_____

_____

_____

_____

_____

_____

Das hat mich heute happy gemacht:

_____
_____
_____
_____
_____
_____
_____
_____
_____
_____

Das hat mir heute gefallen:

_____
_____
_____
_____
_____
_____
_____
_____
_____

Daran hatte ich heute Freude:

_____

_____

_____

_____

_____

_____

_____

_____

_____

_____

_____

Das fand ich heute gut:

_____

_____

_____

_____

_____

_____

_____

_____

_____

Das hat mich heute happy gemacht:

_____

_____

_____

_____

_____

_____

_____

_____

_____

_____

Das hat mir heute gefallen:

_____

_____

_____

_____

_____

_____

_____

_____

_____

_____

Daran hatte ich heute Freude:

_____

_____

_____

_____

_____

_____

_____

_____

_____

_____

_____

Das fand ich heute gut:

_____

_____

_____

_____

_____

_____

_____

_____

_____

Das hat mich heute happy gemacht:

_____

_____

_____

_____

_____

_____

_____

_____

Das hat mir heute gefallen:

_____

_____

_____

_____

_____

_____

_____

_____

Daran hatte ich heute Freude:

_____
_____
_____
_____
_____
_____
_____
_____

_____
_____
_____

Das fand ich heute gut:

_____
_____
_____
_____
_____
_____

_____
_____
_____
_____

Das hat mich heute happy gemacht:

_____

_____

_____

_____

_____

_____

_____

_____

_____

Das hat mir heute gefallen:

_____

_____

_____

_____

_____

_____

_____

_____

Daran hatte ich heute Freude:

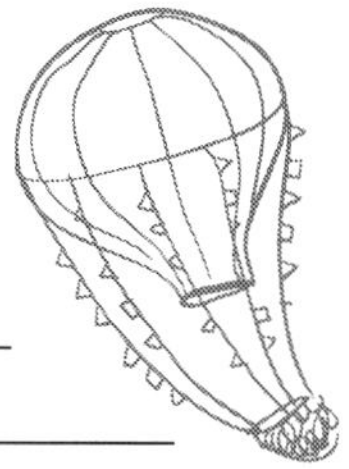

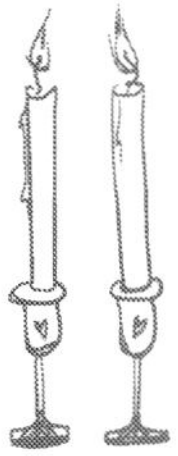

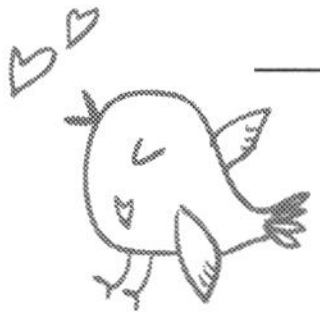

Das fand ich heute gut:

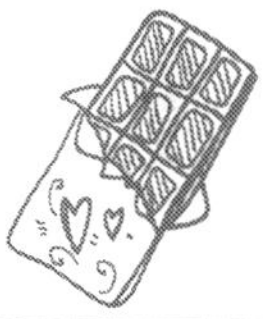

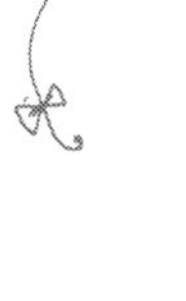

Das hat mich heute happy gemacht:

_____

_____

_____

_____

_____

_____

_____

_____

_____

Das hat mir heute gefallen:

_____

_____

_____

_____

_____

_____

_____

_____

_____

Daran hatte ich heute Freude:

_____

_____

_____

_____

_____

_____

_____

_____

_____

_____

Das fand ich heute gut:

_____

_____

_____

_____

_____

_____

_____

_____

_____

Das hat mich heute happy gemacht:

_____

_____

_____

_____

_____

_____

_____

_____

_____

Das hat mir heute gefallen:

_____

_____

_____

_____

_____

_____

_____

_____

_____

Daran hatte ich heute Freude:

_____

_____

_____

_____

_____

_____

_____

_____

_____

_____

Das fand ich heute gut:

_____

_____

_____

_____

_____

_____

_____

_____

Das hat mich heute happy gemacht:

_____

_____

_____

_____

_____

_____

_____

_____

_____

Das hat mir heute gefallen:

_____

_____

_____

_____

_____

_____

_____

_____

_____

Daran hatte ich heute Freude:

_____

_____

_____

_____

_____

_____

_____

_____

_____

_____

_____

Das fand ich heute gut:

_____

_____

_____

_____

_____

_____

_____

_____

_____

Das hat mich heute happy gemacht:

_____

_____

_____

_____

_____

_____

_____

_____

_____

Das hat mir heute gefallen:

_____

_____

_____

_____

_____

_____

_____

_____

Daran hatte ich heute Freude:

_____

_____

_____

_____

_____

_____

_____

_____

_____

_____

_____

Das fand ich heute gut:

_____

_____

_____

_____

_____

_____

_____

_____

_____

Das hat mich heute happy gemacht:

_____

_____

_____

_____

_____

_____

_____

_____

_____

Das hat mir heute gefallen:

_____

_____

_____

_____

_____

_____

_____

_____

_____

Daran hatte ich heute Freude:

_____

_____

_____

_____

_____

_____

_____

_____

_____

_____

_____

Das fand ich heute gut:

_____

_____

_____

_____

_____

_____

_____

_____

_____

Das hat mich heute happy gemacht:

_____

_____

_____

_____

_____

_____

_____

_____

Das hat mir heute gefallen:

_____

_____

_____

_____

_____

_____

_____

_____

Daran hatte ich heute Freude:

_____

_____

_____

_____

_____

_____

_____

_____

_____

_____

_____

Das fand ich heute gut:

_____

_____

_____

_____

_____

_____

_____

_____

_____

Das hat mich heute happy gemacht:

_____
_____
_____
_____
_____
_____
_____
_____
_____
_____

Das hat mir heute gefallen:

_____
_____
_____
_____
_____
_____
_____
_____
_____

Daran hatte ich heute Freude:

_____

_____

_____

_____

_____

_____

_____

_____

_____

_____

_____

Das fand ich heute gut:

_____

_____

_____

_____

_____

_____

_____

_____

_____

Das hat mich heute happy gemacht:

_____

_____

_____

_____

_____

_____

_____

_____

_____

_____

Das hat mir heute gefallen:

_____

_____

_____

_____

_____

_____

_____

_____

_____

Daran hatte ich heute Freude:

_____

_____

_____

_____

_____

_____

_____

_____

_____

_____

_____

Das fand ich heute gut:

_____

_____

_____

_____

_____

_____

_____

_____

_____

_____

Das hat mich heute happy gemacht:

_____

_____

_____

_____

_____

_____

_____

_____

_____

_____

Das hat mir heute gefallen:

_____

_____

_____

_____

_____

_____

_____

_____

_____

_____

Daran hatte ich heute Freude:

_____

_____

_____

_____

_____

_____

_____

_____

_____

_____

_____

Das fand ich heute gut:

_____

_____

_____

_____

_____

_____

_____

_____

Das hat mich heute happy gemacht:

_____

_____

_____

_____

_____

_____

_____

_____

_____

_____

Das hat mir heute gefallen:

_____

_____

_____

_____

_____

_____

_____

_____

_____

_____

Daran hatte ich heute Freude:

_____

_____

_____

_____

_____

_____

_____

_____

_____

_____

_____

Das fand ich heute gut:

_____

_____

_____

_____

_____

_____

_____

_____

_____

Das hat mich heute happy gemacht:

_____

_____

_____

_____

_____

_____

_____

_____

_____

_____

Das hat mir heute gefallen:

_____

_____

_____

_____

_____

_____

_____

_____

_____

Daran hatte ich heute Freude:

_____

_____

_____

_____

_____

_____

_____

_____

_____

_____

_____

Das fand ich heute gut:

_____

_____

_____

_____

_____

_____

_____

_____

_____

Das hat mich heute happy gemacht:

_____

_____

_____

_____

_____

_____

_____

_____

_____

_____

Das hat mir heute gefallen:

_____

_____

_____

_____

_____

_____

_____

_____

_____

Daran hatte ich heute Freude:

_____

_____

_____

_____

_____

_____

_____

_____

_____

_____

_____

_____

Das fand ich heute gut:

_____

_____

_____

_____

_____

_____

_____

_____

_____

Das hat mich heute happy gemacht:

_____

_____

_____

_____

_____

_____

_____

_____

_____

Das hat mir heute gefallen:

_____

_____

_____

_____

_____

_____

_____

_____

Daran hatte ich heute Freude:

_____

_____

_____

_____

_____

_____

_____

_____

_____

_____

_____

Das fand ich heute gut:

_____

_____

_____

_____

_____

_____

_____

_____

_____

_____

Das hat mich heute happy gemacht:

_____

_____

_____

_____

_____

_____

_____

_____

_____

_____

Das hat mir heute gefallen:

_____

_____

_____

_____

_____

_____

_____

_____

_____

Daran hatte ich heute Freude:

_____

_____

_____

_____

_____

_____

_____

_____

_____

_____

Das fand ich heute gut:

_____

_____

_____

_____

_____

_____

_____

_____

Das hat mich heute happy gemacht:

_____

_____

_____

_____

_____

_____

_____

_____

_____

Das hat mir heute gefallen:

_____

_____

_____

_____

_____

_____

_____

_____

_____

Daran hatte ich heute Freude:

_____

_____

_____

_____

_____

_____

_____

_____

_____

_____

_____

Das fand ich heute gut:

_____

_____

_____

_____

_____

_____

_____

_____

Das hat mich heute happy gemacht:

_____

_____

_____

_____

_____

_____

_____

_____

Das hat mir heute gefallen:

_____

_____

_____

_____

_____

_____

_____

_____

Daran hatte ich heute Freude:

_____

_____

_____

_____

_____

_____

_____

_____

_____

_____

_____

Das fand ich heute gut:

_____

_____

_____

_____

_____

_____

_____

_____

_____

Das hat mich heute happy gemacht:

_____

_____

_____

_____

_____

_____

_____

_____

_____

Das hat mir heute gefallen:

_____

_____

_____

_____

_____

_____

_____

_____

_____

Daran hatte ich heute Freude:

_____

_____

_____

_____

_____

_____

_____

_____

_____

_____

_____

Das fand ich heute gut:

_____

_____

_____

_____

_____

_____

_____

_____

Das hat mich heute happy gemacht:

_____

_____

_____

_____

_____

_____

_____

_____

_____

Das hat mir heute gefallen:

_____

_____

_____

_____

_____

_____

_____

_____

_____

_____

Daran hatte ich heute Freude:

_____

_____

_____

_____

_____

_____

_____

_____

_____

_____

_____

Das fand ich heute gut:

_____

_____

_____

_____

_____

_____

_____

_____

_____

Das hat mich heute happy gemacht:

_____

_____

_____

_____

_____

_____

_____

_____

_____

_____

Das hat mir heute gefallen:

_____

_____

_____

_____

_____

_____

_____

_____

_____

Daran hatte ich heute Freude:

_____

_____

_____

_____

_____

_____

_____

_____

_____

_____

_____

Das fand ich heute gut:

_____

_____

_____

_____

_____

_____

_____

_____

Das hat mich heute happy gemacht:

_____

_____

_____

_____

_____

_____

_____

_____

_____

Das hat mir heute gefallen:

_____

_____

_____

_____

_____

_____

_____

_____

_____

Daran hatte ich heute Freude:

_____

_____

_____

_____

_____

_____

_____

_____

_____

_____

_____

Das fand ich heute gut:

_____

_____

_____

_____

_____

_____

_____

_____

Das hat mich heute happy gemacht:

_____

_____

_____

_____

_____

_____

_____

_____

_____

Das hat mir heute gefallen:

_____

_____

_____

_____

_____

_____

_____

_____

Daran hatte ich heute Freude:

_____

_____

_____

_____

_____

_____

_____

_____

_____

_____

Das fand ich heute gut:

_____

_____

_____

_____

_____

_____

_____

Das hat mich heute happy gemacht:

_____

_____

_____

_____

_____

_____

_____

_____

_____

Das hat mir heute gefallen:

_____

_____

_____

_____

_____

_____

_____

_____

_____

Daran hatte ich heute Freude:

_____

_____

_____

_____

_____

_____

_____

_____

_____

_____

Das fand ich heute gut:

_____

_____

_____

_____

_____

_____

_____

_____

Das hat mich heute happy gemacht:

_____

_____

_____

_____

_____

_____

_____

_____

_____

Das hat mir heute gefallen:

_____

_____

_____

_____

_____

_____

_____

_____

Daran hatte ich heute Freude:

_____

_____

_____

_____

_____

_____

_____

_____

_____

_____

Das fand ich heute gut:

_____

_____

_____

_____

_____

_____

_____

_____

Das hat mich heute happy gemacht:

_____

_____

_____

_____

_____

_____

_____

_____

_____

_____

Das hat mir heute gefallen:

_____

_____

_____

_____

_____

_____

_____

_____

_____

_____

Daran hatte ich heute Freude:

_____

_____

_____

_____

_____

_____

_____

_____

_____

Das fand ich heute gut:

_____

_____

_____

_____

_____

_____

_____

_____

Das hat mich heute happy gemacht:

Das hat mir heute gefallen:

Daran hatte ich heute Freude:

_____

_____

_____

_____

_____

_____

_____

_____

_____

_____

_____

Das fand ich heute gut:

_____

_____

_____

_____

_____

_____

_____

_____

Das hat mich heute happy gemacht:

_____

_____

_____

_____

_____

_____

_____

_____

_____

Das hat mir heute gefallen:

_____

_____

_____

_____

_____

_____

_____

_____

Daran hatte ich heute Freude:

_____

_____

_____

_____

_____

_____

_____

_____

_____

_____

_____

Das fand ich heute gut:

_____

_____

_____

_____

_____

_____

_____

_____

Das hat mich heute happy gemacht:

_____

_____

_____

_____

_____

_____

_____

_____

_____

Das hat mir heute gefallen:

_____

_____

_____

_____

_____

_____

_____

_____

Daran hatte ich heute Freude:

_____

_____

_____

_____

_____

_____

_____

_____

_____

_____

_____

Das fand ich heute gut:

_____

_____

_____

_____

_____

_____

_____

_____

_____

Das hat mich heute happy gemacht:

_____

_____

_____

_____

_____

_____

_____

_____

_____

Das hat mir heute gefallen:

_____

_____

_____

_____

_____

_____

_____

_____

Daran hatte ich heute Freude:

_____

_____

_____

_____

_____

_____

_____

_____

_____

_____

_____

_____

Das fand ich heute gut:

_____

_____

_____

_____

_____

_____

_____

_____

_____

Das hat mich heute happy gemacht:

_____

_____

_____

_____

_____

_____

_____

_____

_____

Das hat mir heute gefallen:

_____

_____

_____

_____

_____

_____

_____

_____

Daran hatte ich heute Freude:

_____

_____

_____

_____

_____

_____

_____

_____

_____

_____

Das fand ich heute gut:

_____

_____

_____

_____

_____

_____

_____

_____

Das hat mich heute happy gemacht:

_____

_____

_____

_____

_____

_____

_____

_____

_____

Das hat mir heute gefallen:

_____

_____

_____

_____

_____

_____

_____

_____

_____

Daran hatte ich heute Freude:

_____

_____

_____

_____

_____

_____

_____

_____

_____

_____

_____

Das fand ich heute gut:

_____

_____

_____

_____

_____

_____

_____

_____

_____

Das hat mich heute happy gemacht:

_____

_____

_____

_____

_____

_____

_____

_____

_____

_____

Das hat mir heute gefallen:

_____

_____

_____

_____

_____

_____

_____

_____

_____

_____

Daran hatte ich heute Freude:

_____

_____

_____

_____

_____

_____

_____

_____

_____

_____

_____

Das fand ich heute gut:

_____

_____

_____

_____

_____

_____

_____

_____

Das hat mich heute happy gemacht:

_____

_____

_____

_____

_____

_____

_____

_____

_____

Das hat mir heute gefallen:

_____

_____

_____

_____

_____

_____

_____

_____

Daran hatte ich heute Freude:

_____

_____

_____

_____

_____

_____

_____

_____

_____

Das fand ich heute gut:

_____

_____

_____

_____

_____

_____

_____

_____

Das hat mich heute happy gemacht:

_____

_____

_____

_____

_____

_____

_____

_____

_____

_____

Das hat mir heute gefallen:

_____

_____

_____

_____

_____

_____

_____

_____

_____

_____

Daran hatte ich heute Freude:

_____

_____

_____

_____

_____

_____

_____

_____

_____

_____

_____

Das fand ich heute gut:

_____

_____

_____

_____

_____

_____

_____

_____

Das hat mich heute happy gemacht:

_____

_____

_____

_____

_____

_____

_____

Das hat mir heute gefallen:

_____

_____

_____

_____

_____

_____

_____

_____

Daran hatte ich heute Freude:

_____

_____

_____

_____

_____

_____

_____

_____

_____

_____

Das fand ich heute gut:

_____

_____

_____

_____

_____

_____

_____

_____

Das hat mich heute happy gemacht:

_____

_____

_____

_____

_____

_____

_____

_____

_____

Das hat mir heute gefallen:

_____

_____

_____

_____

_____

_____

_____

_____

_____

Daran hatte ich heute Freude:

_____

_____

_____

_____

_____

_____

_____

_____

_____

_____

_____

Das fand ich heute gut:

_____

_____

_____

_____

_____

_____

_____

_____

Das hat mich heute happy gemacht:

_____

_____

_____

_____

_____

_____

_____

_____

_____

Das hat mir heute gefallen:

_____

_____

_____

_____

_____

_____

_____

_____

_____

Daran hatte ich heute Freude:

_____

_____

_____

_____

_____

_____

_____

_____

_____

_____

Das fand ich heute gut:

_____

_____

_____

_____

_____

_____

_____

_____

_____

Das hat mich heute happy gemacht:

_____

_____

_____

_____

_____

_____

_____

_____

_____

Das hat mir heute gefallen:

_____

_____

_____

_____

_____

_____

_____

_____

_____

Daran hatte ich heute Freude:

_____
_____
_____
_____
_____
_____
_____
_____
_____
_____

Das fand ich heute gut:

_____
_____
_____
_____
_____
_____
_____
_____
_____

Das hat mich heute happy gemacht:

_____

_____

_____

_____

_____

_____

_____

_____

Das hat mir heute gefallen:

_____

_____

_____

_____

_____

_____

_____

_____

_____

Daran hatte ich heute Freude:

_____

_____

_____

_____

_____

_____

_____

_____

_____

_____

_____

Das fand ich heute gut:

_____

_____

_____

_____

_____

_____

_____

_____

_____

Das hat mich heute happy gemacht:

_____

_____

_____

_____

_____

_____

_____

_____

_____

Das hat mir heute gefallen:

_____

_____

_____

_____

_____

_____

_____

_____

_____

Daran hatte ich heute Freude:

_____

_____

_____

_____

_____

_____

_____

_____

_____

_____

_____

Das fand ich heute gut:

_____

_____

_____

_____

_____

_____

_____

_____

_____

_____

Das hat mich heute happy gemacht:

_____

_____

_____

_____

_____

_____

_____

_____

_____

_____

Das hat mir heute gefallen:

_____

_____

_____

_____

_____

_____

_____

_____

_____

Daran hatte ich heute Freude:

_____

_____

_____

_____

_____

_____

_____

_____

_____

_____

Das fand ich heute gut:

_____

_____

_____

_____

_____

_____

_____

_____

Das hat mich heute happy gemacht:

_____

_____

_____

_____

_____

_____

_____

_____

_____

Das hat mir heute gefallen:

_____

_____

_____

_____

_____

_____

_____

_____

_____

Daran hatte ich heute Freude:

_____

_____

_____

_____

_____

_____

_____

_____

_____

_____

_____

Das fand ich heute gut:

_____

_____

_____

_____

_____

_____

_____

_____

_____

Das hat mich heute happy gemacht:

_____

_____

_____

_____

_____

_____

_____

_____

Das hat mir heute gefallen:

_____

_____

_____

_____

_____

_____

_____

_____

Daran hatte ich heute Freude:

_____

_____

_____

_____

_____

_____

_____

_____

_____

_____

Das fand ich heute gut:

_____

_____

_____

_____

_____

_____

_____

_____

Das hat mich heute happy gemacht:

_____
_____
_____
_____
_____
_____
_____
_____
_____

Das hat mir heute gefallen:

_____
_____
_____
_____
_____
_____
_____
_____
_____

Daran hatte ich heute Freude:

_____

_____

_____

_____

_____

_____

_____

_____

_____

_____

_____

Das fand ich heute gut:

_____

_____

_____

_____

_____

_____

_____

_____

_____

Das hat mich heute happy gemacht:

_____
_____
_____
_____
_____
_____
_____
_____
_____
_____

Das hat mir heute gefallen:

_____
_____
_____
_____
_____
_____
_____
_____
_____
_____

Daran hatte ich heute Freude:

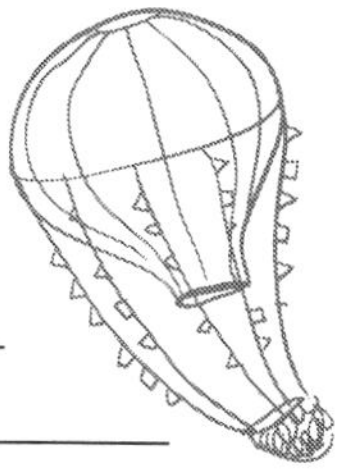

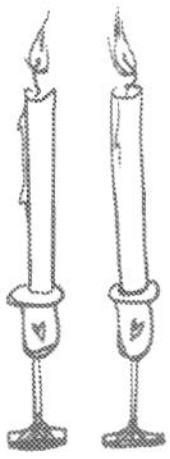

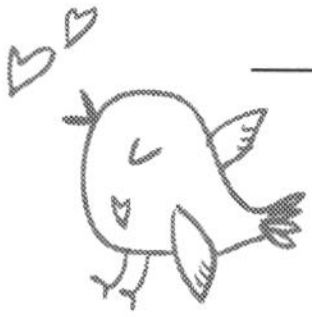

Das fand ich heute gut:

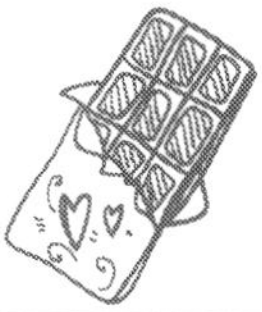

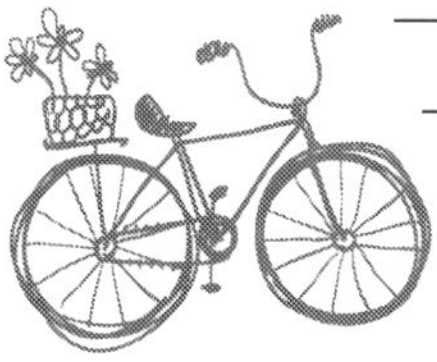

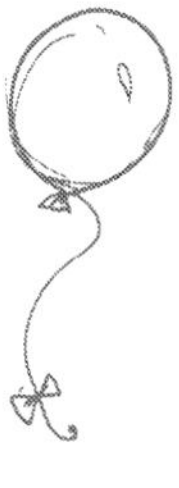

Das hat mich heute happy gemacht:

_____
_____
_____
_____
_____
_____
_____
_____
_____
_____

Das hat mir heute gefallen:

_____
_____
_____
_____
_____
_____
_____
_____
_____
_____

Daran hatte ich heute Freude:

_____

_____

_____

_____

_____

_____

_____

_____

_____

_____

Das fand ich heute gut:

_____

_____

_____

_____

_____

_____

_____

_____

Das hat mich heute happy gemacht:

_____

_____

_____

_____

_____

_____

_____

_____

_____

Das hat mir heute gefallen:

_____

_____

_____

_____

_____

_____

_____

_____

_____

Daran hatte ich heute Freude:

_____

_____

_____

_____

_____

_____

_____

_____

_____

_____

Das fand ich heute gut:

_____

_____

_____

_____

_____

_____

_____

_____

_____

Das hat mich heute happy gemacht:

_____

_____

_____

_____

_____

_____

_____

_____

_____

Das hat mir heute gefallen:

_____

_____

_____

_____

_____

_____

_____

_____

Daran hatte ich heute Freude:

_____

_____

_____

_____

_____

_____

_____

_____

_____

_____

Das fand ich heute gut:

_____

_____

_____

_____

_____

_____

_____

Printed in Poland
by Amazon Fulfillment
Poland Sp. z o.o., Wrocław